BEI GRIN MACHT SICH I
WISSEN BEZAHLT

- Wir veröffentlichen Ihre Hausarbeit,
  Bachelor- und Masterarbeit

- Ihr eigenes eBook und Buch -
  weltweit in allen wichtigen Shops

- Verdienen Sie an jedem Verkauf

Jetzt bei www.GRIN.com hochladen
und kostenlos publizieren

Philipp Schmieja

Konzeption zur Auswahl eines betrieblichen Informationssystems

Fallbeispiel LaKu-Bau

GRIN Verlag

Bibliografische Information der Deutschen Nationalbibliothek:

Die Deutsche Bibliothek verzeichnet diese Publikation in der Deutschen National-
bibliografie; detaillierte bibliografische Daten sind im Internet über http://dnb.d-
nb.de/ abrufbar.

Impressum:

Copyright © 2010 GRIN Verlag GmbH
Druck und Bindung: Books on Demand GmbH, Norderstedt Germany
ISBN: 978-3-656-05902-8

GRIN - Your knowledge has value

Der GRIN Verlag publiziert seit 1998 wissenschaftliche Arbeiten von Studenten, Hochschullehrern und anderen Akademikern als eBook und gedrucktes Buch. Die Verlagswebsite www.grin.com ist die ideale Plattform zur Veröffentlichung von Hausarbeiten, Abschlussarbeiten, wissenschaftlichen Aufsätzen, Dissertationen und Fachbüchern.

Besuchen Sie uns im Internet:

http://www.grin.com/

http://www.facebook.com/grincom

http://www.twitter.com/grin_com

Thema:

Konzeption zur Auswahl eines betrieblichen Informationssystems –
Fallbeispiel LaKu-Bau GmbH

Assignment

im Rahmen des Moduls ANS02: Funktionsbezogene und integrierte
Anwendungssysteme

im Studiengang Master of Arts Betriebswirtschaftslehre
Korschenbroich, November 2010

vorgelegt von: Philipp Schmieja

Abgabetermin: 2010-11-19

Inhaltsverzeichnis

Abkürzungsverzeichnis

IS	Informationssystem
ERP	Enterprise Resource Planning

1   Einführung und Vorgehensweise

Nicht zuletzt für kleine und mittelständische Unternehmen erfordert die zunehmende Globalisierung der Märkte eine strategische und strukturelle Neuausrichtung. Die Unternehmen sind gezwungen, schnell und effektiv auf veränderte Marktsituationen zu reagieren. Dabei kommt betrieblichen Informationssystemen (IS) eine besondere Bedeutung zu.[1] Ein betriebliches IS beschreibt ein Informationssystem, das Aufgaben im Rahmen einer an den Unternehmenszielen ausgerichteten Steuerung der betrieblichen Leistungserstellung und der Erstellung informationsbasierter Dienstleistungen übernimmt.[2] IS kommen seit einigen Jahren im ökonomischen Umfeld zum Einsatz[3] und werden auch als allgemein verfügbare Ressource angesehen.[4] Da zahlreiche betriebliche Aktivitäten ohne die Anwendung von IS inzwischen nur sehr mühsam respektive nicht durchführbar sind, sind die Unternehmen mittlerweile stark abhängig von IS.[5] Doch was ist notwendig, um ein betriebliches IS bzw. die geeignete Software für ein Unternehmen auszuwählen?

Die vorliegende Arbeit setzt sich zum Ziel, anhand eines Fallbeispiels aufzuzeigen, wie über ein strukturiertes Vorgehen eine geeignete Softwareauswahl für ein betriebliches IS getroffen werden kann. Dabei liegt der Fokus dieser Arbeit auf der Methodik der Vorgehensweise und der Systematik zur Erstellung eines Pflichtenheftes, nicht auf der Beschreibung jedes möglichen Prozesses oder jeder möglichen Anforderung in dem Unternehmen. Hierzu trifft der Autor Annahmen, um eine konsistente Beschreibung des Vorgehens zu gewährleisten.

---

[1]   Vgl. Thomas, Oliver: Fuzzy Process Engineering. Integration von Unschärfe bei der modellbasierten Gestaltung prozessorientierter Informationssysteme. Gabler, Wiesbaden 2009, S. 9 (zugleich Habilschrift der Universität des Saarlandes 2008).

[2]   Vgl. Ferstl, Otto K.; Sinz, Elmar J.: Grundlagen der Wirtschaftsinformatik. Band 1. 5., überarbeitete und erweiterte Auflage, Oldenbourg, München 2006, S. 2.

[3]   Einige Froscher argumentieren jedoch ernüchternd in Bezug auf die wirtschaftliche Bedeutung von IS. CARR dokumentiert diese Zweifel, indem er als Titel seines Artikels „IT doesn't matter" wählt. So bleibt das „Produktivitätsparadoxon" weiterhin ein Hauptanliegen von Forschern und Praktikern. Vgl. Schryen, Guido: Ökonomischer Wert von Informationssystemen. Beitrag von Literatur-Reviews zum Wissenserhalt. In: Wirtschaftsinformatik (Hrsg.), 52 (2010) 4. Gabler, Wiesbaden 2010, S. 225. doi: 10.1007./s11576-010-0232-4

[4]   Vgl. Carr, Nicholas G.: IT doesn't matter. In: Harvard Business Review (Hrsg.), 81 (2003) 5. Harvard Business School Publishing, Boston 2003, S. 41.

[5]   Vgl. World Information Technology and Services Alliances (WITSA) (Hrsg.): WITSA Public Policy Report. O.O. 2008, S. 1. URL: http://www.witsa.org/v2/resources/resolutions_reports/WITSA_PublicPolicyReport08_20081201.pdf [Stand 16.10.2010]

Für das mittelständische Produktionsunternehmen Laku-Bau GmbH soll ein neues Projekt „IT im Kühlaggregatbau" initiiert werden. In diesem Rahmen soll ein Projektteam installiert werden, das fachliche und technische Aspekte zusammenträgt, bisherige Schwachpunkte analysiert und daraus ein Pflichtenheft entwirft. Zunächst werden in einem allgemeinen Teil drei Fragen geklärt: welche Ziele verfolgt die Laku-Bau mit der Einführung des neuen IT-Systems? Ist hierbei eine integrierte Lösung anzustreben? Welche Möglichkeiten existieren, Informationssysteme zu integrieren, und welche bietet sich für die Laku-Bau an? Anschließend wird im Hauptteil das Vorgehen für das IT-Projekt unter Verwendung eines Phasenmodells konkretisiert und beschrieben. Der letzte Abschnitt bietet eine kurze zusammenfassende Darstellung der Kernpunkte.

2   Allgemeiner Teil

2.1   Ziele bei der Einführung eines Informationssystems

Die Ziele, die mit der Einführung eines IS verbunden sind, sind vielfältig.[6] Als übergeordnete strategische Ziele der Integration eines IS können formuliert werden: Bereitstellung aktueller Kennzahlen für die Unternehmenssteuerung, Erlangung von Wettbewerbsvorteilen durch Nutzung moderner Informations- und Kommunikationssysteme und Erhöhung der Kundenzufriedenheit. Da die Wirkungen der Integration auf diese Ziele nur schwer darzustellen sind, werden auch dispositive sowie operative Ziele formuliert: verbesserte Kontrolle von Entscheidungen, verbesserte Einsatzsteuerung von Vertriebsmitarbeitern (Kostenersparnis), Verstärkung der Erfolgskontrolle einzelner Produkte (dispositiv), Beschleunigung der Beantwortung von Kundenanfragen, Verringerung der Papierbearbeitung (Entlastung des Personals), Erhöhung der Geschwindigkeit und Zuverlässigkeit der Kommunikation der Mitarbeiter untereinander (Zeitsparnis), Erhöhung der Sicherheit bei der Informationsspeicherung, Vermeidung von Datenredundanzen, einheitliche Datenbasis (gleiche Aktualitätsstände)

---

[6]   Anlage 1 gibt einen Überblick über häufig genannte Ziele bei der Integration von IS.

und einmalige Datenerfassung (operativ).[7] Diese Ziele können zu drei Oberzielen aggregiert werden: Ressourcenbedarfssenkung, Redundanzreduktion und Konsistenzerhöhung. Die Ressourcenbedarfssenkung[8] verbindet die Ziele „Kostenersparnis", „Zeitersparnis" und „Entlastung des Personals". Mit dem Oberziel Redundanzreduktion sind die Ziele „Vermeidung von Redundanzen" und „einmalige Datenerfassung" verbunden. Zu erreichen ist die Kontrolle respektive Beherrschung von Redundanzen[9], und nicht zwingend der komplette Abbau.[10] Mit der Konsistenzerhöhung sind die Ziele „einmalige Datenerfassung", „Verstärkung der Erfolgskontrolle", „einheitliche Datenbasis" und „Erhöhung der Sicherheit bei der Informationsspeicherung" verbunden. Anzustreben sind einheitliche und korrekte Daten.[11] Zwischen den drei Oberzielen gibt es auch komplementäre Beziehungen; sie sind somit nicht vollständig unabhängig voneinander.[12] Wenn z.B. redundante Daten abgebaut werden, sinkt der Zeit- und Kostenaufwand zur Speicherung und Pflege der Daten. Demnach ist eine Redundanzreduktion i.d.R auch mit einer Ressourcenbedarfssenkung verbunden.[13]

Die wichtigsten Ziele für die Laku-Bau GmbH sind: ein integriertes Softwaresystem mit einheitlicher Datenbasis nutzen, auf die alle am Produktionsprozess beteiligten Stellen zugreifen können, um stets aktuelle und korrekte Informationen zu haben; eine Produktionsplanung einführen, um eine kontinuierliche Auslastung zu erzielen; die Durchlauf- und Lagerzeiten verkürzen, um Kundenaufträge fristgerecht zu erfüllen und unnötige Lagerhaltung fertiger Kühlaggregate (unnötige Lagerkosten) zu vermeiden;

---

[7] Vgl. Abts, Dietmar; Mülder, Wilhelm: Grundkurs Wirtschaftsinformatik. Eine kompakte und praxisorientierte Einführung. 5., vollständig überarbeitete und aktualisierte Auflage, Vieweg & Sohn Verlag, Wiesbaden 2004, S. 318.
[8] Der Ressourcenbegriff ist hierbei sehr weit gefasst und beinhaltet immaterielle und materielle Güter, Werte und Fähigkeiten.
[9] Redundanzen beschreiben das mehrfache Vorhandensein von gleichen Daten und Prozessen, die ohne Beeinträchtigung entfernt oder vermieden werden können.
[10] Vgl. Ferstl; Sinz: Grundlagen der Wirtschaftsinformatik, a.a.O., S. 227 f.
[11] Ebenda, S. 228.
[12] Anlage 2 fasst die einzelnen Ziele zu den drei Oberzielen zusammen und zeigt die Beziehungen zwischen den Zielen.
[13] Vgl. Nirsberger, Ina: Entwicklung eines Modells zur Untersuchung des Einflusses der Integration auf die Netz- und Lock-In-Effekte bei elektronischen Business-to-Business-Marktplätzen. Unveröffentlichte Diplomarbeit am Fachgebiet Informations- und Wissensmanagement der TU Ilmenau, Ilmenau 2005, S. 74, zitiert nach: Fischer, Daniel: Unternehmensübergreifende Integration von Informationssystemen. Bestimmung des Integrationsgrades auf elektronischen Marktplätzen. Gabler, Wiesbaden 2008, S. 164 (zugleich Dissertation Technische Universität Ilmenau 2008).

eine höhere Kundenzufriedenheit durch bessere Information, Planung und insbesondere Einhaltung von Lieferterminen erzielen.[14]

2.2   Funktionsorientierte Dateninseln vs. Integrierte Lösungen

Die oftmals historisch gewachsene funktionsorientierte Strukturierung von Unternehmen –wie es auch bei der Laku-Bau der Fall ist– bringt Herausforderungen im Bereich der Datenintegration mit sich. Eine Funktionsorientierung, bei der jeweils eine Unternehmensfunktion, z.b. Vertrieb oder Materialwirtschaft, für alle Bereiche und Produkte zuständig ist, birgt den Vorteil einer hohen Spezialisierung der eingesetzten Mitarbeiter. Der hohe Kommunikations- und Koordinationsaufwand zwischen den betrieblichen Teilfunktionen ist bei einer betont arbeitsteiligen Gliederung jedoch nachteilig. Funktionsorientierte IS zur Unterstützung von Vertrieb, Rechnungswesen, Materialwirtschaft oder Produktion haben i.d.R. eigene Datenbasen und werden gelegentlich als „funktionsorientierte Dateninseln" bezeichnet. Dabei sind die einzelnen Funktionen durch Entscheidungs- und Ablaufzusammenhänge miteinander verknüpft.[15] Wenn jede Funktion ihre eigenen Daten verwaltet, werden die zu einem Produkt gehörenden Daten in mehreren Funktionen redundant gehalten. Hieraus ergibt sich ein erhöhter Speicherbedarf und eine inkonsistente Verwaltung der Daten.[16]

Im Gegensatz dazu können mithilfe einer integrierten Datenbasis alle Datendefinitionen unternehmensweit einheitlich festgelegt werden und die Daten möglichst redundanzfrei erfasst, gespeichert und verarbeitet werden.[17]

Enterprise Resource Planning (ERP) Systeme sind das technische Pendant zu integrierten IS. ERP Systeme bauen auf dem Grundsatz der Prozessorientierung auf und schließen die Gesamtheit der betriebswirtschaftlichen Anwendungen sowohl mengen-

---

[14] Vgl. Abts; Mülder, Grundkurs Wirtschaftsinformatik, a.a.O., S. 417.

[15] Vgl. Scheer, August-Wilhelm: Wirtschaftsinformatik: Referenzmodelle für industrielle Geschäftsprozesse. 7., durchgesehene Auflage, Berlin/Heidelberg 1997, S. 7 f.

[16] Weitere Probleme nicht-integrierter „Insellösungen" sind: Mehrfacheingabe und –identifikation von Daten, Intransparenz der Unternehmensabläufe und mangelnde Unterstützung von Kontroll- und Steuerungsaktivitäten. Vgl. Faisst, Wolfgang; Stürken, Momme: Daten-, Funktions- und Prozeß-Standards für Virtuelle Unternehmen – strategische Überlegungen. In: Ehrenberg, Dieter; Griese, Joachim; Mertens, Peter (Hrsg.): Arbeitspapier der Reihe "Informations- und Kommunikationssysteme als Gestaltungselement Virtueller Unternehmen", Nr. 12/1997. Universität Erlangen-Nürnberg, Bern/Leipzig/Nürnberg 1997, S. 4. URL: http://www.econbiz.de/archiv/er/uer/bwinformatik1/standards_virtuelle_un.pdf [Stand 18.10.2010]

[17] Vgl. Scheer, Wirtschaftsinformatik, a.a.O., S. 4 ff.

als auch wertmäßig ein. Durch eine integrierte Lösung in Form eines ERP Systems werden betriebliche Aufgaben funktionsübergreifend betrachtet; dies ermöglicht eine stärkere Ausrichtung der Geschäftsprozesse an den Kundenbedürfnissen.[18] Auch für die Laku-Bau ist eine integrierte Lösung einer Funktionsorientierung vorzuziehen. Die derzeitigen Probleme[19] bei den Geschäftsprozessen betreffen verschiedene Abteilungen: Vertrieb, Auftragsbearbeitung, Produktion und Montage, Qualitätsmanagement und Versand.[20] Die bestehenden Probleme lassen sich zukünftig nur lösen, wenn alle beteiligten Stellen auf einheitliche, aktuelle und korrekte Daten zugreifen können. Hierfür ist eine integrierte Lösung anzustreben.[21]

2.3   Möglichkeiten der Integration von Informationssystemen

Integration bezeichnet die (Wieder-)Herstellung eines einheitlichen Systems.[22] Hierbei werden Anwendungssysteme, die aufgrund unterschiedlicher technischer Beschaffenheit oder funktionaler Spezialisierung bisher nicht optimal zusammengepasst haben, miteinander verbunden.[23] Bei der Integration von IS unterscheidet MERTENS die Dimensionen Integrationsreichweite, Integrationsrichtung, Integrationsgegenstand und Automatisierungsgrad.[24] Die Dimension Reichweite beschreibt den Einflussbereich der Integration; hierbei wird zwischen der Integration innerhalb eines Unternehmens[25] und der zwischenbetrieblichen Integration[26] differenziert. Für die Laku-Bau ist als mittelständisches Unternehmen zunächst eine innerbetriebliche Integration

---

[18]   Vgl. Scheer, August-Wilhelm; Angeli, Ralf; Thomas, Oliver: eLogistics: Kundenorientierte Planung und Steuerung von Güter- und Informationsflüssen in Unternehmensnetzwerken. In: Manschwetus, Uwe; Rumler, Andrea (Hrsg.): Strategisches Internetmarketing: Entwicklungen in der Net-Economy. Gabler, Wiesbaden 2002, S. 472.

[19]   Anlage 3 zeigt die Probleme der derzeit existierenden Lösung der Laku-Bau auf.

[20]   Zu einem stattfindenden Workshop sollten kompetente Vertreter aus diesen Bereichen sowie der Geschäftsbereichsleiter eingeladen werden. Der Workshop kann u.a. dazu dienen, mehr über die Probleme zu erfahren.

[21]   Vgl. Abts; Mülder, Grundkurs Wirtschaftsinformatik, a.a.O., S. 417.

[22]   Vgl. Mertens, Peter: Integrierte Informationsverarbeitung 1. Operative Systeme in der Industrie. 17., überarbeitete Auflage, Gabler, Wiesbaden 2009, S. 1.

[23]   Vgl. Abts; Mülder, Grundkurs Wirtschaftsinformatik, a.a.O., S. 176.

[24]   Vgl. Mertens, Informationsverarbeitung, a.a.O., S. 3 ff.

[25]   Bei der innerbetrieblichen Integration werden die Informationsflüsse und Funktionen optimal aufeinander abgestimmt. Mertens ergänzt hierbei noch die Integration in einem Fachbereich (Bereichsintegration) und zwischen einzelnen Fachbereichen (bereichsübergreifende Integration).

[26]   Zwischenbetriebliche Integration wird erreicht, wenn Geschäftspartner gemeinsame Daten untereinander festlegen, standardisieren und austauschen.

anzustreben.[27] Die Dimension Integrationsrichtung verweist auf die Positionierung der Integration zwischen den verschiedenen Ebenen eines Unternehmens. Dabei werden die horizontale und die vertikale Integration unterschieden. Die horizontale Integration bezieht sich auf die funktionsübergreifende Verbindung der Administrations- und Dispositionssysteme entlang der Wertschöpfungskette, und die vertikale Integration unterstreicht die Datenversorgung der Planungs- und Kontrollsystem aus den Administrations- und Dispositionssystemen heraus.[28] Vertikale Integration impliziert die Informationsverdichtung von unten nach oben (Aggregation von Kennzahlen). Umgekehrt können kritische Pfade einzelner Kennzahlen von oben nach unten verfolgt werden (Drill-Down).[29] Aufgrund der bestehenden Probleme bei den Geschäftsprozessen im Geschäftsbereich Kühlaggregatbau sollte für die Laku-Bau die horizontale Integration im Fokus der Betrachtung stehen. Durch eine horizontale Integration können ein starke Arbeitsteilung und isoliertes Abteilungsdenken behoben werden. So können die Teilsysteme innerhalb der Wertschöpfungskette auf derselben Ebene, z.B. Bearbeitung eines Fertigungsauftrages von der Anfrage des Kunden bis zum Versand, verbunden werden.[30] Die Dimension Integrationsgegenstand bezieht sich auf die bei der Integration betrachteten Objekte. Als Integrationsgegenstände werden Daten, betriebliche Funktionen, Prozesse, Methoden und Programme[31] beschrieben.[32] Für die Laku-Bau ist die Datenintegration von großer Relevanz; nebeneinander isoliert existierende Datenbestände können dadurch vermieden werden. Ein zentraler Datenbestand bietet Vorteile hinsichtlich der Pflege, Wartung, Archivierungsmöglichkeiten und Qualität für die Laku-Bau. Mithilfe einer einheitlichen Datenbasis können Informationen über die Auftragslage und den Versand eingeholt und ausgetauscht werden. So können die Ziele „Redundanzreduktion" und „Konsistenzerhöhung" erreicht werden.

---

[27] Vgl. Mertens, Informationsverarbeitung, a.a.O., S. 3 ff.
[28] Ebenda, S. 6.
[29] Vgl. Abts; Mülder, Grundkurs Wirtschaftsinformatik, a.a.O., S. 415.
[30] Vgl. Mertens, Informationsverarbeitung, a.a.O., S. 4.
[31] Bei den Programmen wird nochmals in die Integration von Benutzerschnittstellen, Medien und Geräten differenziert.
[32] In Anlage 4 sind Merkmale der einzelnen Integrationskomponenten beschrieben. Vgl. Mertens, Informationsverarbeitung, a.a.O., S. 1 ff.

Bei der Dimension Automatisierungsgrad werden die vollautomatisierte[33] und die teilautomatisierte Integration unterschieden. Die Dimension beschreibt, ob und wie eine Arbeitsteilung zwischen Mensch und Maschine bei der Integration erfolgt.[34] Für die Laku-Bau bietet sich zunächst die teilautomatisierte Lösung an. Die Mitarbeiter und das Anwendungssystem wirken zusammen, indem z.B. das System bei Erreichen eines Mindestlagerbestandes einen Bestellvorschlag generiert, der von einem Mitarbeiter bestätigt oder verändert wird und erst dann ausgeführt wird.[35] Die teilautomatisierte Lösung kann für das mittelständische Produktionsunternehmen wirtschaftlich effizienter oder auch betriebssicherer sein als eine vollautomatisierte Lösung.

3 Projekt „IT im Kühlaggregatbau"

3.1 Phasenmodell

Die Einführung einer neuen Software erfolgt üblicherweise in Form von Projekten[36]. Dadurch wird betont, dass es sich um ein einmaliges, neuartiges und risikobehaftetes Vorhaben handelt, das zusätzlich zum Tagesgeschäft von den Projektmitgliedern gelöst werden soll.[37] Um die Komplexität zu reduzieren und die Planbarkeit und Kontrollierbarkeit zu verbessern, wird das Vorgehen für das Projekt „IT im Kühlaggregatbau" in fünf Phasen eingeteilt: Phase 1–Bildung des Projektteams, Phase 2–Projektinitialisierung, Phase 3–Fachlich und IT-technische Anforderungsanalyse, Phase 4–Pflichtenhefterstellung und Phase 5–Softwareauswahl.[38]

Für das Projekt wird ein sequentielles Vorgehensmodell, auch Wasserfallmodell[39] genannt, verwendet. Die einzelnen Phasen werden zeitlich hintereinander und voneinander abgegrenzt abgearbeitet. Ein Vorteil dieses Modells besteht darin, dass in

---

[33] Eine vollständige Automatisierung wird vollständig von Maschinen durchgeführt. Bei einer teilautomatisierten Integration ist ein Eingriff von Menschen notwendig.
[34] Vgl. Mertens, Informationsverarbeitung, a.a.O., S. 8 f.
[35] Vgl. Abts; Mülder, Grundkurs Wirtschaftsinformatik, a.a.O., S. 181.
[36] Projekte sind temporäre Organisationsformen, um betriebswirtschaftliche und technische Problemstellungen, die komplex, einmalig und zeitlich begrenzt sind, zu lösen. Vgl. Abts; Mülder, Grundkurs Wirtschaftsinformatik, a.a.O., S. 14.
[37] Ebenda, S. 15.
[38] Vgl. Jungbluth, Volker: Das ERP-Pflichtenheft. Enterprise Resource Planning. 4., überarbeitete Auflage, mitp, Heidelberg 2008, S. 81 ff.
[39] Anlage 4 zeigt ein sequentielles Vorgehensmodell zur Auswahl und Einführung von Software.

einem ganzheitlichen Denkansatz gezielt zur Lösung hingearbeitet wird. Am Ende jeder Phase entscheidet das Projektmanagement anhand eines Meilensteins[40] über die Fortführung des Projekts; gegebenenfalls kommt es dabei zu Rücksprüngen in die vorherige Phase.[41]

3.2 Phase 1: Bildung des Projektteams

In der ersten Phase wird der Projektleiter benannt, das Projektteam zusammengestellt und eine Kick-off Veranstaltung durchgeführt. Für das Projekt des funktional organisierten, mittelständischen Unternehmens wird eine Stab-Linien-Projektorganisation gewählt. Der Projektleiter übernimmt die operative Leitung in Form einer Koordinationsaufgabe, ohne formale Weisungsrechte zu haben. Er kann nicht alleine für die Erreichung respektive Nicht-Erreichung der Projektziele verantwortlich gemacht werden.[42] Aufgrund der Komplexität des Projektes und dem in der Laku-Bau vorhandenen Know-how wird ein kompetenter ERP-Unternehmensberater[43] für Anwendungssysteme mit der Projektleitung beauftragt. Dessen langjährige Erfahrungen und Kompetenzen sollen die Projektlaufzeit verkürzen und die Erfolgswahrscheinlichkeit erhöhen.[44] Neben dem Projektleiter gibt es einen Projektlenkungsausschuss; in diesem Gremium sind neben der Geschäftsleitung die oberen Führungskräfte aller wesentlichen Unternehmensbereiche vertreten. Der Projektlenkungsausschuss begleitet das Projekt und trägt fachliche Verantwortung für das Ergebnis.[45] Die optimale Projektteamgröße umfasst 5 bis 7 Personen.[46] Diese Größe

---

[40] Ein Meilenstein beschreibt ein definiertes termingebundenes Sachergebnis. Vgl. Litke, Hans-Dieter: Projektmanagement: Methoden, Techniken, Verhaltensweisen. Evolutionäres Projektmanagement. 5., erweiterte Auflage, Carl Hanser Verlag, München 2007, S. 29.
[41] Vgl. Litke, Projektmanagement, a.a.O., S. 262 ff.
[42] Die Stab-Linien-Organisation wird am ehesten bei der Einführung eines neuen Verfahrens eingesetzt. Vorteile sind geringfügige organisatorische Umstellungen (kostengünstig) und große Einsatzflexibilität der Projektmitarbeiter. Vgl. Bruno, Jenny: Projektmanagement: Das Wissen für eine erfolgreiche Karriere. 3., überarbeitete und aktualisierte Auflage, vdf Hochschulverlag, Zürich 2009, S. 66.
[43] Anlage 5 zeigt eine Ceckliste zur Auswahl eines geeigneten ERP-Beraters.
[44] Vgl. Jungebluth, ERP-Pflichtenheft, a.a.O., S. 97.
[45] Zu den Aufgaben des Projektlenkungsausschusses zählen die Festlegung der Projektabläufe und Meilensteine, Festlegung der Projektmitarbeiter, Sicherstellung der termin- und sachgerechten Abwicklung des Projektes und Treffen von Richtungsentscheidungen bei Zielkonflikten. Vgl. Wieczorrek, Hans W.; Mertens, Peter: Management von IT-Projekten. Von der Planung zur Realisierung. 3., überarbeitete und erweiterte Auflage, Springer Verlag, Berlin/Heidelberg 2008, S. 44.
[46] Anlage 6 bildet die Zusammenstellung des Projektteams für die Laku-Bau ab.

bietet eine ausreichende Möglichkeit zur Arbeitsteilung und Spezialisierung. Die Projektmitarbeiter sollten aus verschiedenen Abteilungen des Unternehmens gewonnen werden und sowohl aus dem betriebswirtschaftlichen als auch informationstechnischen Bereichen stammen.[47] Sie haben die Aufgabe, die sich aus dem Projektauftrag ergebenden Aufgaben unter Leitung des Projektleiters zu bearbeiten.[48] Die Projektmitarbeiter werden nicht zu 100% für die Projektarbeit eingesetzt, da diese nicht vollständig von ihrer „normalen" Arbeit befreit werden können und das Tagesgeschäft weiterlaufen muss.[49]

Zum Projektstart wird ein Projektworkshop –Kick-Off-Meeting– durchgeführt, der den offiziellen Beginn der Projektarbeit für alle markieren soll und dem Projektmarketing und der Motivation für das Projekt dient.[50] Zu den Teilnehmern des Workshops zählen die Projektleitung, das Projektteam, der Lenkungsausschuss und die Geschäftsführung.[51]

3.3   Phase 2: Projektinitialisierung

In Phase 2 erfolgt die Initialisierung des IT-Projektes der Laku-Bau durch den Lenkungsausschuss. Dieser definiert und grenzt das Projekt ab. Der Projektleiter erstellt in Zusammenarbeit mit dem Projektteam eine Projektplanung.[52] Ferner wird ein grober Terminplan für den Auswahl-, Beschaffungs- und Einführungsprozess erarbeitet, um die Projekttätigkeiten zu organisieren.[53] In diesem Rahmen wird ein Kapazitätenplan[54] aufgestellt, um die zur Verfügung stehenden Einsatzkapazitäten aller Projektmitarbeiter bis zum geplanten Projektabschluss aufzuzeigen.[55] Neben den System- und IT-Zielen[56]

---

[47] Neben der Fachkompetenz spielt auch die Teamfähigkeit eine wichtige Rolle. Vgl. Abts; Mülder, Grundkurs Wirtschaftsinformatik, a.a.O., S. 21.

[48] Anlage 7 fasst Anforderungen an Teammitglieder und deren Aufgaben zusammen.

[49] Vgl. Bruno, Projektmanagement, a.a.O., S. 66.

[50] Anlage 8 stellt die Ziele des Projekt-Workshops dar.

[51] Da es sich um ein geschäftsentscheidendes Projekt handelt, sollen auch nicht unmittelbar beteiligte Personen an dem Meeting teilnehmen. Denn diese werden durch das Projektgeschehen ebenfalls belastet, aber profitieren auch vom Projekterfolg. Vgl. Angermeier, Georg: Projektmanagement-Lexikon. Projekt-Magazin, München 2005, S. 185 f.

[52] Siehe Anlage 9 für eine Darstellung der Aspekte, die festzulegen sind.

[53] Anlage 10 stellt den Projektstruktur- und Terminplan bis zum Abschluss der Soll-Konzeption dar.

[54] Die verfügbaren Kapazitäten werden unter Einbezug der betroffenen Mitarbeiter und Vorgesetzten ermittelt und vereinbart. Siehe Anlage 11.

[55] Vgl. Bruno, Projektmanagement, a.a.O., S. 66; Führer, Andreas; Züger, Rita-Maria: Projektmanagement – Management-Basiskompetenz. Theoretische Grundlagen und Methoden mit
...

werden auch Projektziele hinsichtlich der Abwicklung bzw. des Vorgehens definiert.

Die Projektziele beschreiben, welches die inhaltliche Aufgabenstellung des vorgesehenen Projekts ist und unter welchen finanziellen, qualitativen und zeitlichen Randbedingungen diese Aufgabe zu erfüllen ist. Sie repräsentieren den angestrebten Entwicklungsfortschritt des Projekts. Die Abwicklungsziele[57] dienen dem Lenkungsausschuss und dem Projektleiter als Messgrößen und sind eine essentielle Voraussetzung für die Projektplanung.[58]

3.4 Phase 3: Fachliche und IT-technische Anforderungsanalyse

In Phase 3 wird eine Ist-Analyse[59] erstellt. In der Ist-Analyse werden die betroffenen Arbeitsabläufe und Aufgaben mit den damit verflochtenen Informationsflüssen und Mitarbeitern analysiert.[60] Ebenso werden entdeckte Probleme und Schwachstellen dokumentiert. Darauf basierend wird ein Soll-Konzept[61] mit den fachlichen Anforderungen an Funktionen und Prozessen entwickelt. Damit das Projekt der Laku-Bau zur Softwareauswahl erfolgreich gestaltet werden kann, ist es unerlässlich, klare und vollständige Anforderungen festzulegen.[62] Außerdem sind systematische und nicht-funktionale Anforderungen sowie Restriktionen zu berücksichtigen. Ebenso müssen Schnittstellen zu Nachbarsystemen und Fremdsoftware definiert und analysiert werden. Auch die Sammlung von Software-Marktinformationen[63] fällt in diese Phase.[64] Um den

---

    Beispielen, Repetitionsfragen und Antworten. 2., überarbeitete Auflage, Compendio Bildungsmedien, Zürich 2007, S. 12 f.
[56] Siehe Kap. 2.1 und Anlage 2.
[57] Anlage 12 zeigt Beispiele von Abwicklungszielen für das Projekt der Laku-Bau.
[58] Vgl. Führer; Züger, Management-Basiskompetenz, a.a.O., S. 68 f.
[59] Anlage 13 stellt die Ist-Analyse für die Laku-Bau dar.
[60] Vgl. Wollenberg, Klaus: Taschenbuch der Betriebswirtschaft. 2. Auflage, Carl Hanser Verlag, München/Wien 2004, S.557.
[61] Anlage 14 zeigt die Soll-Konzeption für die Laku-Bau. Hinsichtlich der Auftragsabwicklung ist es wichtig, dass eingehende Aufträge schnell und einfach eingepflegt werden können; siehe hierzu Anlage 15.
[62] Laut dem „Chaos Report 2009" der STANDISH GROUP liegt die Erfolgsquote von IT-Projekten ledglich bei 32%. Als „Hauptstolpertsteine" werden eine unklare Anforderungsdefinition, unzureichende Unterstützung durch die Geschäftsführung und eine mangelhafte Einbindung der Endbenutzer in die Projekte angeführt. Vgl. Standish Group (Hrsg.): Chaos 2009 Summary and EPPM Study. Standish Group, West Yarmouth, MA.
[63] Informationen über Hersteller werden über Anzeigen, Broschüren, Infoveranstaltungen, Seminare, Messen, Handbücher und Webseiten gesammelt. Informationen von Anwendern werden durch Vorträge, Fachbeiträge in Zeitschriften, Diskussionsforen und Erfahrungsaustausch gesammelt. Neutrale Informationen werden aus Software-Katalogen, von Beratern, Hochschulen, Instituten und Verbänden zusammengefasst. Anlage 16 gibt einen Überblick über Herstellerdaten.

zeitlichen und finanziellen Aufwand möglichst gering zu halten, soll ein Standardsoftwareprodukt für die Laku-Bau beschafft werden.[65]

3.5 Phase 4: Pflichtenhefterstellung

In Phase 4 erfolgt die Erstellung eines Pflichtenheftes. Dieses beschreibt ausführlich alle Leistungen, die ein künftiges IT-System erbringen soll. Alle betriebswirtschaftlichen und technischen Anforderungen werden in diesem systematisch und schriftlich zusammengestellt. Das Pflichtenheft[66] ergibt sich aus den in den vorigen Phasen entwickelten Beschreibungen (Ist-Analyse, Schwachstellen, Soll-Konzeption). Es stellt ein grundlegendes Dokument sowohl zum Schutz des Anwenders vor Enttäuschungen – nicht vorhandene Funktionen– als auch zum Schutz seitens des Software-Herstellers vor Überraschungen –zusätzliche, nicht vereinbarte Anforderungen– dar und wird meistens als Vertragsbestandteil einbezogen.[67] Außerdem werden in dieser Phase (mit der Pflichtenhefterstellung) auch eine Verfeinerung des Projektplanes und eine Zusammenstellung von Checklisten vorgenommen.

3.6 Phase 5: Softwareauswahl

Die wesentlichen Bestandteile der fünften Phase sind die Vorauswahl schwerpunktbezogener Softwareanbieter anhand von Kriterien[68] und die Beschaffungsentscheidung mittels einer Nutzwertanalyse. Dabei bildet der Anforderungskatalog bzw. das Pflichtenheft die Ausgangsbasis für die Nutzwertanalyse.[69] Diese dient dazu, den Nutzwert, der von den unterschiedlichen Programmen jeweils generiert wird, vergleichen zu können. Zuvor werden die verbliebenen Anbieter jeweils zu einem Workshop eingeladen, um das jeweilige System

---

[64] Vgl. Jungebluth, ERP-Pflichtenheft, a.a.O., S. 82.
[65] Standardsoftware beschreibt vorgefertigte Programmpakete, die einen eindeutig definierten Anwendungsbereich unterstützen und zu einem im Voraus bekannten Preis einschließlich Beratungs- und Serviceleistungen angeboten werden. Vgl. Abts; Mülder, Grundkurs Wirtschaftsinformatik, a.a.O., S. 64.
[66] Anlage 17 enthält das Pflichtenheft für das IT-Projekt der Laku-Bau.
[67] Vgl. Abts; Mülder, Grundkurs Wirtschaftsinformatik, a.a.O., S. 324.
[68] Die Anforderungen an die Softwareanbieter sind Anlage 17, Punkt 5.16, zu entnehmen.
[69] Da die Kosten für alle Systeme in etwa gleich hoch sind (Annahme des Autors), die Systeme sich aber in den Funktionsumfängen und Leistungsmerkmalen stark unterscheiden, wird eine Nutzwertanalyse für die zwei verbliebenden Kandidaten durchgeführt. Siehe dazu Anlage 19.

präsentieren zu können. Im Anschluss an die Feinauswahl mittels Nutzwertanalyse[70] wird mit dem Anbieter der am besten geeigneten Software ein Vertrag zur Nutzung und Überlassung der Software abgeschlossen.[71] Aufgabe der Geschäftsführung ist es (bereits zu Projektbeginn), die Entscheidung über die Vorgehensweise bei der Einführung der neuen Software zu treffen.[72]

4   Zusammenfassung

In der vorliegenden Arbeit wurde versucht, das Vorgehen bei der Softwareauswahl anhand eines Phasenmodells für ein mittelständisches Produktionsunternehmen exemplarisch darzustellen. Die Ausführungen können jedoch nicht den Anspruch erheben, einen vollständigen Überblick hinsichtlich Methodik und Konzeption des Vorgehens zu geben, sowie dieses umfassend zu bewerten.

Es wurde deutlich, dass ein strukturiertes Vorgehen bei der Auswahl eines betrieblichen IS unabdingbar ist, um die Komplexität des Auswahlprozesses zu beherrschen und um das Risiko einer Fehlentscheidung zu minimieren. Für den Projekterfolg ist die Festlegung klarer und vollständiger Anforderungen unerlässlich. Dabei ist es allerdings kaum möglich, sämtliche Anforderungen im Voraus in einem Pflichtenheft zusammenzutragen.[73]

---

[70] Es gilt anzumerken, dass das Messen mit Skalen den Anschein hoher Genauigkeit signalisiert. Jedoch kommen starke subjektive Einflüsse durch die festzulegenden Gewichtungen und Faktoren in den Rechengang. Alle Kriterien werden allerdings gleichmäßig subjektiv, verhältnismäßig beurteilt. Objektivität kann es bei diesem Bewertungsvorgang nicht geben. Vgl. Winkelhofer, Georg: Management- und Projekt-Methoden: Ein Leitfaden für IT, Organisation und Unternehmensentwicklung. 3., vollständig überarbeitete Auflage, Springer, Berlin/Heidelberg/New York 2005, S. 143.

[71] Vgl. Abts; Mülder, Grundkurs Wirtschaftsinformatik, a.a.O., S. 343; Jungebluth, ERP-Pflichtenheft, a.a.O., S. 82.

[72] Hierbei ist zu entscheiden, ob die Ablösung des Altsystems schlagartig (Big-Bang-Strategie) oder in mehreren Schritten erfolgen soll. Für die Laku-Bau bietet sich das Vorgehen „Big-Bang" an, um einen kurzen Einführungszeitraum realisieren zu können. Anlage 20 stellt die Vorgehensweisen vergleichend dar.

[73] Vgl. Abts; Mülder, Grundkurs Wirtschaftsinformatik, a.a.O., S. 440.

Literaturverzeichnis

Schriftliche Medien

Abts, Dietmar; Mülder, Wilhelm: *Grundkurs Wirtschaftsinformatik. Eine kompakte und praxisorientierte Einführung.* 5., vollständig überarbeitete und aktualisierte Auflage, Vieweg & Sohn Verlag, Wiesbaden 2004.

Andreas; Züger, Rita-Maria: *Projektmanagement – Management-Basiskompetenz. Theoretische Grundlagen und Methoden mit Beispielen, Repetitionsfragen und Antworten.* 2., überarbeitete Auflage, Compendio Bildungsmedien, Zürich 2007.

Angermeier, Georg: *Projektmanagement-Lexikon.* Projekt-Magazin, München 2005.

Bruno, Jenny: *Projektmanagement: Das Wissen für eine erfolgreiche Karriere.* 3., überarbeitete und aktualisierte Auflage, vdf Hochschulverlag, Zürich 2009.

Carr, Nicholas G.: *IT doesn't matter.* In: Harvard Business Review (Hrsg.), 81 (2003) 5. Harvard Business School Publishing, Boston 2003, S. 41-49.

Ferstl, Otto K.; Sinz, Elmar J.: *Grundlagen der Wirtschaftsinformatik.* Band 1. 5., überarbeitete und erweiterte Auflage, Oldenbourg, München 2006.

Fischer, Daniel: *Unternehmensübergreifende Integration von Informationssystemen. Bestimmung des Integrationsgrades auf elektronischen Marktplätzen.* Gabler, Wiesbaden 2008 (zugleich Dissertation Technische Universität Ilmenau 2008).

Jungebluth, Volker: *Das ERP-Pflichtenheft. Enterprise Resource Planning.* 4., überarbeitete Auflage, mitp, Heidelberg 2008.

Litke, Hans-Dieter: *Projektmanagement: Methoden, Techniken, Verhaltensweisen. Evolutionäres Projektmanagement.* 5., erweiterte Auflage, Carl Hanser Verlag, München 2007.

Mertens, Peter: *Integrierte Informationsverarbeitung 1. Operative Systeme in der Industrie.* 17., überarbeitete Auflage, Gabler, Wiesbaden 2009.

Nirsberger, Ina: *Entwicklung eines Modells zur Untersuchung des Einflusses der Integration auf die Netz- und Lock-In-Effekte bei elektronischen Business-to-Business-Marktplätzen.* Unveröffentlichte Diplomarbeit am Fachgebiet Informations- und Wissensmanagement der TU Ilmenau, Ilmenau 2005.

Scheer, August-Wilhelm: *Wirtschaftsinformatik: Referenzmodelle für industrielle Geschäftsprozesse.* 7., durchgesehene Auflage, Berlin/Heidelberg 1997.

Scheer, August-Wilhelm; Angeli, Ralf; Thomas, Oliver: *eLogistics: Kundenorientierte Planung und Steuerung von Güter- und Informationsflüssen in Unternehmensnetzwerken.* In: **Manschwetus, Uwe; Rumler, Andrea (Hrsg.):** *Strategisches Internetmarketing: Entwicklungen in der Net-Economy.* Gabler, Wiesbaden 2002, S. 457–480.

Schryen, Guido: *Ökonomischer Wert von Informationssystemen. Beitrag von Literatur-Reviews zum Wissenserhalt.* In: Wirtschaftsinformatik (Hrsg.), 52 (2010) 4. Gabler, Wiesbaden 2010, S. 225-237. doi: 10.1007./s11576-010-0232-4

Standish Group (Hrsg.): *Chaos 2009 Summary and EPPM Study.* Standish Group, West Yarmouth, MA.

Thomas, Oliver: *Fuzzy Process Engineering. Integration von Unschärfe bei der modellbasierten Gestaltung prozessorientierter Informationssysteme.* Gabler, Wiesbaden 2009 (zugleich Habilschrift der Universität des Saarlandes 2008).

Teich, Irene; Kolbenschlag, Walter; Reiners, Wilfried: *Der richtige Weg zur Softwareauswahl. Lastenheft, Pflichtenheft, Compliance, Erfolgskontrolle.* Springer Verlag, Berlin/Heildelberg 2008.

Wieczorrek, Hans W.; Mertens, Peter: *Management von IT-Projekten. Von der Planung zur Realisierung.* 3., überarbeitete und erweiterte Auflage, Springer Verlag, Berlin/Heidelberg 2008.

Winkelhofer, Georg: *Management- und Projekt-Methoden: Ein Leitfaden für IT, Organisation und Unternehmensentwicklung.* 3., vollständig überarbeitete Auflage, Springer, Berlin/Heidelberg/New York 2005.

Wollenberg, Klaus: *Taschenbuch der Betriebswirtschaft.* 2. Auflage, Carl Hanser Verlag, München/Wien 2004.

Elektronische Medien

Faisst, Wolfgang; Stürken, Momme: *Daten-, Funktions- und Prozeß-Standards für Virtuelle Unternehmen – strategische Überlegungen.* In: **Ehrenberg, Dieter; Griese, Joachim; Mertens, Peter (Hrsg.):** *Arbeitspapier der Reihe "Informations- und Kommunikationssysteme als Gestaltungselement Virtueller Unternehmen".* Universität Erlangen-Nürnberg, Bern/Leipzig/Nürnberg 1997. URL: http://www.econbiz.de/archiv/er/uer/bwinformatik1/standards_virtuelle _un.pdf [Stand 18.10.2010]

Konradin Mediengruppe (Hrsg.): *Konradin ERP-Studie 2009. Einsatz von ERP-Lösungen in der Industrie.* Leinfelden-Erlingen 2009. URL: http://www.industrieanzeiger.de/c/document_library/get_file?uuid=85cf6425-9cca-4c6b-84c0-a9de95ca0982&groupId=12503 [Stand 25.10.2010]

World Information Technology and Services Alliances (WITSA) (Hrsg.): *WITSA Public Policy Report.* O.O. 2008, S. 1. URL: http://www.witsa.org/v2/resources/resolutions_reports/WITSA_PublicPolicyReport08_20081201.pdf [Stand 16.10.2010]

Anhang

Anlage 1: Häufig genannte Ziele bei der Integration von Informationssystemen

Ziele der Integration

Zeitersparnis (Verkürzung von Durchlaufzeiten, Transaktionszeiten)

Kostenersparnis (Verringerung von Bearbeitungskosten, Transaktionskosten)

Vermeidung von Datenredundanzen

Verbesserung der Integrität/Kontrolle von Daten/Vorgängen

Vermeidung von Fehlern bei der Datenerfassung

Einmalige Datenerfassung bzw. Verringerung von Doppelerfassungen

Entlastung des Personals von monotonen Routinetätigkeiten

Zugriff auf einheitliche gemeinsame Datenbasis, gleiche Aktualitätsstände

Öffnung neuer Geschäftsfelder und Absatzwege

Verbesserung der strategischen Wettbewerbsposition

Quelle: Vgl. Fischer, Daniel: Unternehmensübergreifende Integration von Informationssystemen. Bestimmung des Integrationsgrades auf elektronischen Marktplätzen. Gabler, Wiesbaden 2008, S. 161 (zugleich Dissertation Technische Universität Ilmenau 2008).

Anlage 2:   Zusammenfassung einzelner Ziele zu drei Oberzielen

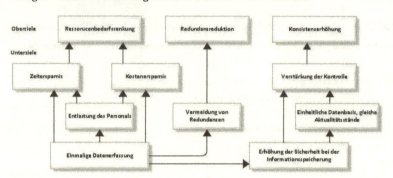

Quelle: Vgl. Fischer, Daniel: Unternehmensübergreifende Integration von Informationssystemen. Bestimmung des Integrationsgrades auf elektronischen Marktplätzen. Gabler, Wiesbaden 2008, S. 164 (zugleich Dissertation Technische Universität Ilmenau 2008).

Anlage 3: Probleme mit der derzeit existierenden Lösung der Laku-Bau

Probleme in den Geschäftsprozessen

- Mit Kunden vereinbarte Liefertermine werden meistens nicht eingehalten, weil die Mitarbeiter in der Montage diese Termine erst erfahren, wenn Beschwerden im Vertrieb auflaufen.
- Die Montage stockt häufig.
- Die Mitarbeiter in der Montage beklagen sich über stark schwankende Belastungen
- Fertige Kühlaggregate stehen oft tagelang herum, weil der Versand den Auftrag nicht zuordnen und keine Versandpapiere erstellen kann.

Anlage 4: Merkmale einzelner Integrationskomponenten

Integrationskomponente	Beschreibung
Datenintegration	Logische Zusammenführung der Datenbestände in Datenbanken, dadurch Vermeidung von Redundanzen und Inkonsistenzen
Funktionsintegration	Informationstechnische Verknüpfung betrieblicher Funktionen, dadurch Vermeidung inhaltlicher Redundanzen und Abstimmung der einzelnen Aufgaben aufeinander
Prozessintegration	Informationstechnische Verbindung der einzelnen Geschäftsprozesse, z.B. Bestellwesen mit der Lagerhaltung
Programmintegration	Abstimmung der einzelnen Programmteile aufeinander als Aufgabe des Softwareengineerings im Gegensatz zum fachlichen Konzept der Funktions- und Prozessintegration

Quelle: Vgl. Mertens, Peter: Integrierte Informationsverarbeitung 1. Operative Systeme in der Industrie. 17., überarbeitete Auflage, Gabler, Wiesbaden 2009, S.2 f.

Anlage 5: Wasserfallmodell zur Einführung und Auswahl von Software

Quelle: Vgl. Abts, Dietmar; Mülder, Wilhelm: Grundkurs Wirtschaftsinformatik. Eine kompakte und praxisorientierte Einführung. 5., vollständig überarbeitete und aktualisierte Auflage, Vieweg & Sohn Verlag, Wiesbaden 2004, S. 317.

Anlage 6: Checkliste zur Auswahl eines ERP-Beraters

Checkliste - Unternehmensberater	ja	nein	wichtig
Ist der Geschäftsführer oder Inhaber des Beratungsunternehmens bekannt?	X		
Ist der Projektleiter, der die Aufgaben vor Ort bearbeitet, bekannt?	X		
Sind die Berater des Beratungsunternehmens, die vor Ort arbeiten, bekannt?		X	
Wie groß ist die Entfernung des Beraters zum eigenen Standort (Zeitaufwand, Reisekosten, wie werden diese berechnet)?	20 km		
Ist die ganz klare Aufgabenstellung schriftlich formuliert?	X		■
Ist die Aufgabenstellung intern abgestimmt mit: -der Geschäftsführung? -dem Fachbereich? -der EDV-/Organisationsabteilung? -dem Betriebsrat?	X		■
Hat der Berater die Aufgabenstellung richtig verstanden und im Angebot präzise beschrieben?	X		■
Ist der Berater spezialisiert auf -die Branche? -das firmenspezifische Problem?	X		■
Wurde mit Referenzkunden des Beraters gesprochen, wurden Ergebnisse analysiert?	X		■
Entwickelt der Berater eine klare, verständliche und auf das Unternehmen passende Vorgehensweise im Projekt?	X		■
Ist das Projekt und die Aufgabenstellung in abprüfbare Phasen und Arbeitsschritte gegliedert? Ist der Zeitplan seriös?	X		■
Berücksichtigt das vereinbarte Vorgehen realistisch die eigenen Personalkapazitäten im Unternehmen?	X		■
Ist die Ergebnispräsentation bzw. Realisierung abgestimmt im Hinblick auf -Form? -Inhalt? -Zeitpunkt?		X	
Sind die Beratungskosten eindeutig festgelegt?	X		■
Kann ein Sicherungseinbehalt bis zur endgültigen Abnahme des Konzeptes und/oder der realisierbaren Lösung vereinbart werden?		X	
ja = wird benötigt; nein = wird nicht benötigt; wichtig = wird besonderer Wert darauf gelegt				

Quelle: Vgl. Jungebluth, Volker: Das ERP-Pflichtenheft. Enterprise Resource Planning. 4., überarbeitete Auflage, mitp, Heidelberg 2008, S. 98 f.

Anlage 7: Projektteam für das IT-Projekt der Laku-Bau

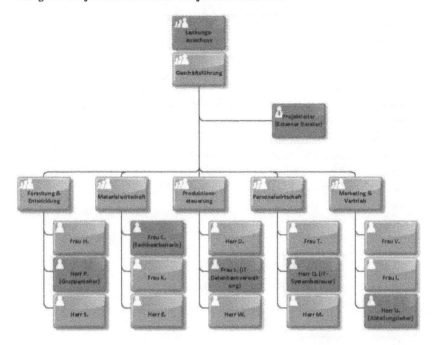

–23–

Anlage 8: Anforderungen und Aufgaben von Projektmitarbeitern

Anforderungen

• die Bereitschaft zu überdurchschnittlicher Leistung haben,

• sich mit den gesetzten Projektzielen identifizieren,

• eine ausgeprägte Teamfähigkeit aufweisen,

• in ihrem Aufgabengebiet Berufserfahrung aufweisen,

• eigenständiges und kreatives Arbeiten für selbstverständlich halten,

• über logisches Denk- und Abstraktionsvermögen verfügen.

Allgemeine Aufgaben

• die detaillierte Ausarbeitung von realisierbaren Lösungsvorschlägen,

• die Analyse und die Bewertung verschiedener Lösungsentwürfe,

• die Definition der neuen Aufbau- und Ablauforganisation mit den betroffenen Fachabteilungen,

• die eigenverantwortliche Ausführung von zugeordneten Arbeitspaketen,

• die Dokumentation der Arbeits- und Projektergebnisse,

• die Information des Projektleiters bzgl. des Arbeitsfortschrittes und

• die Einführung der getesteten Lösung in die bestehende Umgebung.

Spezielle Aufgaben für das IT-Projekt der Laku-Bau

• Durchführung der Ist-Analyse,

• Erstellung des Pflichtenheftes,

• Erarbeitung der Sollkonzeption

• Abstimmung mit den Kollegen in den anderen Fachabteilungen,

• Analyse von Standardsoftwareprodukten,

• Schulung der Benutzer,

• Testen der Software,

• Erstellen der Projektdokumentation.

Quelle: Vgl. Wieczorrek, Hans W.; Mertens, Peter: Management von IT-Projekten. Von der Planung zur Realisierung. 3., überarbeitete und erweiterte Auflage, Springer Verlag, Berlin/Heidelberg 2008, S. 43; Abts, Dietmar; Mülder, Wilhelm: Grundkurs Wirtschaftsinformatik. Eine kompakte und praxisorientierte Einführung. 5., vollständig überarbeitete und aktualisierte Auflage, Vieweg & Sohn Verlag, Wiesbaden 2004, S. 399 f.

Anlage 9: Ziele des Projekt-Workshops (Kick-Off-Meting)

- Vermittlung der Projektziele
- Hervorhebung der Bedeutung des Projekts
- Gewinnung von Unterstützung für das Projekt
- Motivation der Projektbeteiligten
- Information aller Projektbeteiligten über den Projektplan
- Abstimmung der Projektbeteiligten untereinander über den Beginn der Arbeiten

Quelle: Vgl. Angermeier, Georg: Projektmanagement-Lexikon. Projekt-Magazin, München 2005, S. 186.

Anlage 10: Projektplan für das IT-Projekt der Laku-Bau

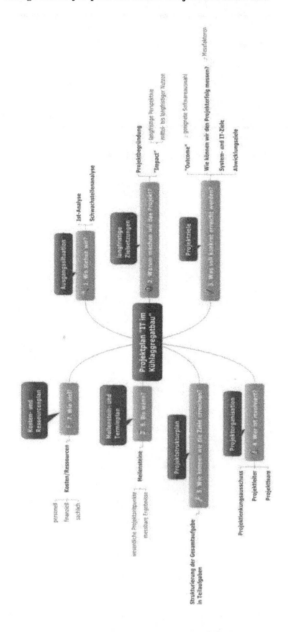

Anlage 11: Projektstruktur- und Terminplan für das IT-Projekt

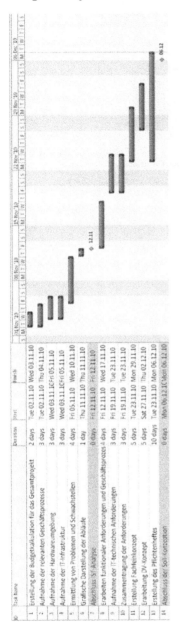

Anlage 12: Kapazitätenplan für das Projekt der Laku-Bau

Name	Zeitraum	Vereinbarte Kapazität	Maximale Belastung pro Tag
Herr Q.	02.11.10 – 12.11.10	40 %	3,5 h
	13.12.10 – 23.02.11	80 %	7,0 h
Frau C.	02.11.10 – 23.02.11	30 %	2,2 h
Herr U.	02.11.10 – 23.02.11	10 %	1,0 h
Frau L.	02.11.10 – 19.11.10	40 %	3,5 h
	20.11.10 – 23.02.11	80 %	7,0 h
Herr P.	02.11.10 – 23.02.11	30 %	2,2 h

Die Prozentzahlen geben an, zu welchem Umfang der Arbeitszeit der Mitarbeiter eine Projektmitarbeit stattfinden soll.

Anlage 13: Abwicklungsziele für das Projekt der Laku-Bau

- Die detaillierten Anforderungen an die Software sind bis zum 06.12.2010 (18:00) in einem Dokument zu beschreiben (Zeit)
- Nach der Prüfung durch die IT-Projektmitarbeiter darf das Dokument keine kritischen Befunde mehr aufweisen (Qualität)
- Die Kosten für die Erstellung des Dokumentes dürfen den Kostenrahmen von 50.000,-€ nicht überschreiten

Anlage 14: Ist-Analyse für die Laku-Bau

Ist-Zustand
Einrichtungen
Gliederung der Organisation: -Die Laku-Bau ist funtkional organisiert mit der Geschäftsleitung und den Abteilungen Forschung und Entwicklung, Materialwirtschaft, Produktion, Personal, Marketing und Vertrieb. -das IT-Know-how ist nur verteilt und wenig ausgeprägt vorhanden.
Arbeitsplätze / Funktionseinheiten: 1. Mitarbeiterqualifikation: -die Mitarbeiter sind qualifiziert und erhalten ihre Informationen durch ihre Vorgesetzten. Jeder Mitarbeiter hat seinen festgeschrieben Arbeitsablauf/Arbeitsplatz. 2. Informationsversorgung: -die Kommunikation findet nur innerhalb der Abteilungen statt. 3. IT-Infrastruktur: -die IT ist in mehrere Insellösungen aufgeteilt. -properitäre Anwendungen, die historisch gewachsen sind, werden eingesetzt. -die IT ist nach Client-Server Modell aufgebaut. Die Server sind als Farm im Keller platziert. -mit der Wartung und Pflege der IT-Systeme sind interne Mitarbeiter vertraut. 4. Technische Ausstattung: -die vorhandene Software läuft unter einer zeichenorientierten Benutzeroberfläche ohne Mausunterstützung. Zum Ausdruck von Listen und Belegen ist ein Nadeldrucker angeschlossen. -je zwei Mitarbeiter teilen sich einen PC, wobei nur auf einem Rechner das Altsystem installiert ist und der andere zur Textverarbeitung genutzt wird. -dabei werden gelegentlich Textdateien über Disketten ausgetauscht.
Gegenwärtiger Verfahrensablauf und Prozesse
Durchführung der Aufgaben: -die anfallenden Aufgaben werden ohne Terminkoordination abgearbeitet. -die Abteilung Forschung und Entwicklung besitzt keine elektronisch verfügbaren Daten aus anderen Bereichen. Die Daten werden manuell erhoben und neue Entwicklungen auf dieser Basis mit Unterstützung eines properitären Systems durchgeführt. Marktübliche Software ist im Einsatz (z. B. AutoCAD). Die Datenhaltung findet auf einem eigenen System statt. -die Abteilung Materialwirtschaft verwaltet die Lagerbestände und erstellt die Stücklisten mit Microsoft Excel. Fehlende Bauteile werden von der Materialwirtschaft über verschiedene Zulieferer in der Region eingekauft. Eine IT-Unterstützung zwischen Lieferanten und der Materialwirtschaft findet nicht statt. -die Abteilung Produktion fertigt nach Aufträgen aus dem Vertrieb und nach Abgleich mit dem verfügbaren Lagerbestand. Die Programmierung der Produktionsmaschinen wird nach diesen Angaben von einem darauf spezialisierten Mitarbeiter durchgeführt. Es handelt sich um Produktionsmaschinen, die durch eine Standardschnittstelle an externe Systeme angebunden werden können. -die Abteilungen Personal und Marketing und Vertrieb nutzen für ihre Prozesse die Office-Produkte Microsoft Access, Powerpoint, Word und Excel. -die Abteilung Vertrieb arbeitet vollständig manuell. Aufträge werden in der Regel beim Kunden vor Ort aufgenommen und per Telefax in die Auftragsabwicklung übermittelt. Von dort wird in Zusammenarbeit mit den Abteilungen Materialwirtschaft und Produktion der Auftrag disponiert und dem Kunden eine Auftragsbestätigung zugesandt. 1. Kunden- bzw. Interessentenanfrage -Besuch des Außendienstlers beim Kunden vor Ort und handschriftliche Erfassung von Messdaten -Kundenfragen zu Rechnungen können erst nach Such in der Ablage (Aktenordner) beantwortet werden. 2. Angebotserstellung -Handschriftliche Kalkulation durch Außendienstler -Texterfassung im Altsystem durch Mitarbeiter der Verwaltung -das Altsystem bietet keine Unterstützung durch Textbausteine oder Rechenoperationen -Kundenanschriften werden aus dem Kundenstamm übernommen und müssen nicht erneut erfasst

werden.

-Angebote werden nach Kunden sortiert in Aktenordnern abgelegt.

3. Auftragserfassung

-der Text mit der Auftragsbestätigung ist identisch mit dem Angebotstext.

-das Altsystem bietet keine Möglichkeit, das Angebot in eine Bestätigung automatisch umzuwandeln.

4. Frakturierung

-Monteure liefern die Daten für die Rechnungserstellung

-Arbeitszeiten und Materialverbrauch werden handschriftlich auf dem Angebotsschreiben notiert

-im Altsystem muss der Text neu erfasst werden.

-Gutschriften werden analog zu Rechnungen erstellt

5. Debitorenbuchhaltung

-Rechnungen werden vom Altsystem automatisch in die Liste der Offenen Posten übernommen.

-Zahlungserinnerungen und Mahnungen können nur manuell durch Auswahl der zu mahnenden Kunden anhand der gedruckten Offenen Posten Liste erstellt werden.

6. Zahlungsverkehr

-bei Gutschriften werden Verrechnungschecks manuell ausgefüllt

-Zahlungseingänge werden manuell in die Liste übernommen.

-das Altsystem kann nicht erkennen, ob eine Rechnung bezahlt wurde.

Verfahrensschnittstellen:

-Schnittstellen sind die Abteilungsgrenzen

-die Abteilungen arbeiten teilweise mit verschiedenen Systemen

Schwachstellen

Schwachstellen der Einrichtungen:

-es findet keine Kommunikation über die Abteilungsgrenzen hinaus statt.

-aufgrund verschiedener Systeme ist die Zusammenarbeit erschwert.

-das Altsystem bietet keine Mausunterstützung.

-Daten werden per Disketten und nicht direkt über das System ausgetauscht.

Schwachstellen beim Verfahrensablauf und den Prozessen:

-mit Kunden vereinbarte Liefertermine werden meistens nicht eingehalten, weil die Mitarbeiter in der Montage diese Termine erst erfahren, wenn Beschwerden im Vertrieb auflaufen.

-die Montage stockt häufig.

-die Mitarbeiter in der Montage beklagen sich über stark schwankende Belastungen.

-fertige Kühlaggregate stehen oft tagelang herum, weil der Versand den Auftrag nicht zuordnen und keine Versandpapiere erstellen kann.

-Schwierigkeiten im Vertrieb gegenüber dem Kunden aufgrund Nichteinhaltung zugesagter Liefertermine wegen Abstimmungsproblemen mit der Produktion.

-fehlende Informationen über Lagerhaltungsdaten führen in der Produktion zu Problemen, die dann der Kunde über den Vertrieb moniert.

-die vom Vertrieb per Telefax zugesandten Aufträge im Beschaffungs-, Produktions- und Versandprozess können nicht immer den dort erstellten Unterlagen zugeordnet werden.

-Angebote können nicht direkt vom Außendienstler erfasst werden.

-bei der Texterstellung gibt es keine Möglichkeiten vorgefertigter Standardtexte zu nutzen.

-keine Taschenrechnerfunktionen.

-keine abrufbare Übersicht über erstellte Angebote.

-redundante Texterfassung.

-anhand der Offenen Posten Liste ist nicht zu erkennen, wie Zahlungen und Rechnungen zusammengehören.

-keine Unterstützung des Mahnwesens durch das System.

-viele Listen müssen manuell erstellt werden.

-mangelhafter Überblick über Verbindlichkeiten.

Anlage 15: Soll-Konzeption für die Laku-Bau

Soll-Konzeption			
Erweiterte Einrichtungen			
Neugliederung der Organisation: -die Laku-Bau soll weiterhin funktional organisiert bleiben. Das Neusystem und das Unternehmen sollen aufeinander abgestimmt werden. -Verbesserung des IT-Know-hows durch Schulungen der IT-Mitarbeiter			
Neugestaltung der Arbeitsplätze / Funktionseinheiten: -die Informationen sollen über Informationssysteme verteilt werden, um Fehlinformationen zu vermeiden. -die Kommunikation soll auch über Abteilungsgrenzen hinaus stattfinden -der Arbeitsablauf der Mitarbeiter soll flexibel gestaltet werden können, wenn es die Situation ermöglicht. -Termine müssen einsehbar sein, damit Absprachen zwischen den Abteilungen stattfinden können. -die Mitarbeiter sollen kontinuierlich belastet werden. -es ist eine teilautomatisierte Integration anzustreben.			
Neue fachliche Anforderungen			

Bereich	Anforderung	Erforderlich	Optional
Marketing und Vertrieb (Versand)	Elektronische Verarbeitung von Aufträgen (Internet mit Datenzugang)	■	
	Elektronische Auftragsbestätigungen	■	
	Informationsfunktion bei Störungen im Auftragsabwicklungsprozess		■
	Logistik / Versand	■	
	Marktanalysefunktion, Modellrechnungen		■
Materialwirtschaft	Stücklistengenerierung	■	
	Lagerverwaltung	■	
	Lagerbestandsentwicklungen und Prognosen		■
	Automatischer Ausdruck von Bestellaufträgen bei Überschreiten von Schwellwerten im Lagerbestand	■	
	Warnfunktion Produktionsausfall per E-Mail, SMS		■
Produktionsplanung	Automatische Programmierung der Produktionsmaschinen mittels standardisierter Datenschnittstelle	■	
	Auftragsterminierung	■	
	Kapazitätsbedarfsermittlung	■	
Personalwirtschaft	Personalwesen	■	
Forschung & Entwicklung (Qualitätsmanagement)	Projektverwaltung		■
	Statistische Auswertungen über Lagerhaltungskosten, Beschaffungskosten, Produktionskosten und Vertriebskosten	■	
	Umfangreiche statistische Auswertungen über Mengen und Durchlaufzeiten in den Bereichen Produktion, Vertrieb, Einkauf	■	
Alle Abteilungen	Integration Buchhaltungssystem	■	
	Abrechnungskomponente	■	
	Aussteuerung von Aufträgen für das Qualitätsmanagement nach dem Zufallsprinzip oder generell	■	

	Auftragsstatus an jedem Prozesspunkt einsehbar	■	
Neue nicht-funktionale Anforderungen			
Bereich	Anforderung	Erforderlich	Optional
Testebenen	Bereitstellung einer System- und Fachtestebene	■	
Oberflächen	Anpassung an Corporate Identity / Corporate Design	■	
	Browseroberfläche andere Bereiche		■
	Browseroberfläche Vertrieb	■	
	Oberflächengestaltung für jeden Anwender im Unternehmen anpass- und konfigurierbar		■
	Oberflächengestaltung für jeden Funktionsbereich im Unternehmen anpass- und konfigurierbar	■	
Eingabeformate	Textdateien CSV		■
	Microsoft Access MDB	■	
	Microsoft Excel XLS	■	
Ausgabeformate	Web HTML		■
	Microsoft Excel XLS	■	
	Textdateien TXT, CSV	■	
Sicherheit	HTTPS-verschlüsselte Kommunikation bei Zugriff von außen über das Internet	■	
	Benutzerberechtigungssystem mit Abgrenzung auf Unternehmensfunktionsbereiche	■	
	Benutzerberechtigungssystem mit Abgrenzung auf jede Programmfunktion / jeden Datenbestand		■
Neue IT-technische Anforderungen			
Bereich	Anforderung	Erforderlich	Optional
Skalierung	Hardware / Netze flexibel erweiterbar	■	
Wartung	Betriebsdokumentation	■	
	Vor-Ort-Installations-Service	■	
	Kostenfreie Updates in den ersten drei Jahren	■	
Erweiterbarkeit	Programmerweiterung durch Anwender möglich		■
Stabilität	Systemwiederherstellung gemäß Service-Level-Agreement innerhalb 24 Stunden	■	
	Ausfallquote weniger als 3 % innerhalb eines Jahres, gemessen an der Online-Dauer des Systems innerhalb eines Jahres	■	
	Datensicherung 1 x alle 24 Stunden	■	
	vollständiges Backup-System der Produktionsfunktionalitäten und Daten	■	
	vollständiges Backup-System		■
Mobilfunk	Integration Vertrieb mit Mobilfunk-Anwendungen oder Blackberry-System		■
Schnittstellen	Webservices	■	
	Andere, kompatible		■
Netzwerk	TCP/IP	■	
Datenbanken	Kein IBM DB/2	■	
	Microsoft-Access-Unterstützung		■
	Oracle, SQL-Server oder kompatible, relational	■	
Hardware	Server-Hardware zum Kauf	■	
	Client-Hardware zum Kauf	■	

	Kein Mainframe-System	■	
Betriebssysteme	Kompatibilität mit Microsoft Server 20xx	■	
Server	J2EE oder Server Microsoft .Net	■	
	Anderer Applikationsserver, integrierbar		■

Neue Verfahrensschnittstellen:
-Erstellung eines Wertschöpfungsverbundes zwischen dem Unternehmen und den Lieferanten über die Informations- und Kommunikationssysteme

Rahmenbedingungen

Mengengerüst:

Mengengerüst Geschäftsleitung	Anzahl
Anzahl Mitarbeiter	5
Anzahl Projektplanungen/Monat	5
Anzahl der Organisationsobjekte/Monat	10
Mengengerüst Forschung und Entwicklung	Anzahl
Anzahl Mitarbeiter	50
Anzahl Forschungsprojekte/Jahr	15
Anzahl Entwicklungsprojekte/Jahr	35
Anzahl Forschungsaufträge/Jahr	50
Anzahl Entwicklungsaufträge/Jahr	75
Anzahl Forschungsstandorte	1
Anzahl Entwicklungsstandorte	1
Mengengerüst Materialwirtschaft	Anzahl
Anzahl Mitarbeiter	75
Anzahl Lieferanten	32
Anzahl Bestellvorgänge/Monat	1244
Einkaufsvolumen/Monat	120.000 €
Anzahl der Lagerorte	2
Anzahl der Lagerbuchungen	450
Mengengerüst Produktion	Anzahl
Anzahl Mitarbeiter	25
Anzahl Aufträge/Monat	200
Durchschnittliche Durchlaufzeit	3T + 6 Std.
Anzahl Fertigungsstufen	12
Anzahl Arbeitspläne	148
Mengengerüst Personal und Marketing	Anzahl
Anzahl Mitarbeiter	70
Anzahl Gesamtmitarbeiter	500
Werbeetat/Jahr	250.000 €
Fortb ldungsetat für Mitarbeiter/Jahr	75.000 €
Anzahl Auszubildende	17
Anzahl Aushilfen	28
Mengengerüst Vertrieb	Anzahl
Anzahl Mitarbeiter	50
Anzahl Kunden	195
Anzahl Angebote	35
Anzahl Aufträge/Monat	200

Performance-Anforderungen an die Software:

Bereich	Anforderung	Erforderlich	Optional
Schulung	Schulung für IT-Mitarbeiter (3 Tage)	■	
	Administrationsschulung (3 Tage)	■	

	Anwenderschulung mit Know-how-Transfer (2 Tage)	■	
Beratungsleistung	Projektunterstützung während der gesamten Projektlaufzeit an mindestens drei Tagen pro Woche	■	
Referenzen	Referenzen bei mindestens einem namhaften Produktionsunternehmen im Bereich Kühlaggregatbau		■
	Referenzen bei mindestens drei namhaften Produktionsunternehmen	■	
Lizenzmodell	Concurrent-User-Lizenzmodell	■	
	Festpreis	■	

Zeitlicher Rahmen:
Folgende Meilensteine und Termine sind geplant:
-Abschluss Ist-Analyse zum 12.11.2010
-Abschluss Soll-Konzept zum 06.12.2010
-Abschluss der Ausschreibungsphase zum 15.12.2010
-Abschluss Auswertung der Anbieter zum 18.01.2011
-Abschluss der Anbieterauswahl zum 31.01.2011
-Abschluss der Systemeinführung zum 23.02.2011

Anlage 16: Soll-Prozess Auftragsabwicklung

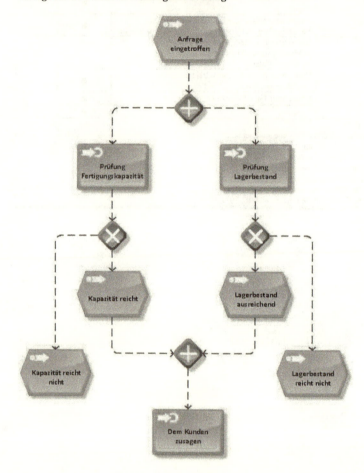

Anlage 17: Überblick Herstellerdaten (2009)

Unternehmen	Umsatz 2008	Lizenzumsatz	Mitarbeiter	Kunden	Durchschnittlich erforderliche Investitionssumme für den Anwender
ABAS	60 Mio €	20 Mio €	600	2100	245617 €
AP AG	16,3 Mio €	5,4 Mio €	146	1230	272390 €
Bsion Group	38,9 Mio €	k.A.	340	400	k.A.
CSB System	55 Mio €	37 Mio €	520	1600	k.A.
Epicor	369 Mio €	101 Mio €	2800	20000	k.A.
IFS	182 Mio €	37 Mio €	2627	2000	k.A.
Infor	1,57 Mrd €	k.A.	9000	70000	358328 € (ERP LN)
Lawson/Intenia	608 Mio €	94,27 Mio €	4200	4000	k.A.
Microsoft/Dynamics AX	43,15 Mrd €	k.A.	91000	280000	341715 €, 295376 € (Dynamics NAV)
Oracle	15,1 Mrd €	k.A.	84000	300000	k.A.
Ordat	12,8 Mio €	2,4 Mio €	140	270	310840 €
Oxaion	15,4 Mio €	k.A.	120	340	268685 €
proAlpha	45,7 Mio €	13,7 Mio €	414	1500	261324 €
PSI-Konzern	150 Mio €	k.A.	159	500	361388 €
QAD	187 Mio €	k.A.	k.A.	6100	
Sage-Bäurer	1,7 Mrd €	k.A.	14500	5,8 Mio	280561 €
SAP	11,57 Mrd €	3,61 Mrd €	51500	k.A.	k.A.
SoftM	59,4 Mio €	19,1 Mio €	410	4000	337204 €

Quelle: Vgl. Konradin Mediengruppe (Hrsg.): Konradin ERP-Studie 2009. Einsatz von ERP-Lösungen in der Industrie. Leinfelden-Erlingen 2009, S. 18 ff. URL: http://www.industrieanzeiger.de/ c/document_library/get_file?uuid=85cf6425-9cca-4c6b-84c0-a9de95ca0982&groupId=12503 [Stand 25.10.2010]

Anlage 18: Pflichtenheft für das IT-Projekt der Laku-Bau

Laku-Bau GmbH
Kühlpfad. 5
01234 Niederrhein

Pflichtenheft für neue Anwendungssoftware

1. Beschreibung des Unternehmens
Die Laku-Bau GmbH stellt Kühlaggregate im Kundenauftrag her. Die Geschäftsführung sitzt in Korschenbroich/Niederrhein.

1.1 Ansprechpartner
Dieses Pflichtenheft wurde erstellt von Herrn X, Projektleiter, erreichbar unter Tel. 0123/555678.

1.2 Art und Größe des Unternehmens
Es findet keine Eigenfertigung statt. Die Komponenten werden extern beschafft und montiert. Die Laku-Bau beabsichtigt die Einführung eines integrierten IT-Systems zur Unterstützung der Abteilungen Forschung und Entwicklung, Marketing und Vertrieb, Materialwirtschaft, Produktion und Personalwirtschaft.

Unternehmensprofil:

Branche	Kühlaggregatbau
Produktlinien	Kühlzellen, Eisspeicher, Wasserkühler
Vertriebsstruktur	Direktvertrieb
Anzahl der Mitarbeiter	Ca. 500
Vorjahresumsatz	10 Mio €
Vorhandene Software	PCs laufen auf Windos-Betriebssystemen, Server auf Linux-Basis, Email Programm ist Outlook, Gesamte Office-Paket auf den PCs Vorinstalliert, Unterschiedlichste Software von Kleinanbietern, die es auf dem Markt schon teilweise nicht mehr gibt.
Vorhandene Hardware	Client/Server Prinzip, Serverfarm im Kellergeschoss des Hauptgebäudes

Betriebsbeschreibung:

Fertigungstyp	Einzelfertiger
Auftragsbezug	Kundenauftragsfertigung
Organisationstyp der Fertigung	Werkstattfertigung
Steuerungskonzepte der Fertigung	Fertigungsinsel
Fertigungstiefe	Mittel
Beschaffung	Auftragsbezogen
Handelsfunktion	Mittel
Räumlicher Dezentralisierungsgrad	Gering
DV-Kenntnisse	Gering

Rahmendaten:

Mitarbeiter gesamt	Ca. 500
Anzahl geführter Verkaufsartikel	Unbekannt
Anzahl Standorte	1
Anzahl Lagerorte	1
Beschreibung der Fertigung	Kleine Serienfertigung
Beschreibung des Einkaufs	Zentraleinkauf

Beschreibung der Kostenrechnung	Vollkostenrechnung
Beschreibung des Vertriebs	Business-to-Business

1.3 Unternehmensstruktur
Funktional organisiert:

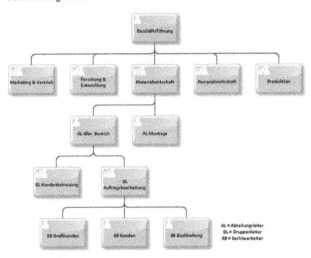

1.4 Kunden-/Lieferantenstruktur
2500 Kunden, insbesondere Marktketten und Warenhauskonzerne.

2. Ausgangssituation
Die nachfolgenden Anforderungen soll die neue Software erfüllen:

2.1 Anwendungsbereiche
Die neue Software wird eingesetzt für Anfragen von Kunden bzw. Interessenten, Auftragsbearbeitung, Versand, Produktion und Montage, Qualitätsmanagement, Vertrieb, Frakturierung, Debitorenbuchhaltung und Zahlungsverkehr.

2.2 Benutzer
Zukünftig sollen ca. 8 Mitarbeiter aus der kaufmännischen Abteilung mit der neuen Software arbeiten.

3. Ziele
Folgende Ziele müssen unbedingt erfüllt werden (K.O.-Kriterien):
- Integrierte Lösung für alle Aufgaben der Kundenauftragsbearbeitung und der damit verbundenen Frakturierung (teilautomatisierter Integration).
- Die Software soll eine relationale Datenbank (Standard-Produkt) verwenden, die spätere eigene Entwicklungen frei zugänglich ist.
- Einfache Benutzung mit geringem Schulungs- und Einarbeitungsaufwand.
- Intensive Beratung und Betreuung durch den Software-Anbieter während der Einführungs- und späteren Nutzungsphase

3.2 Optionale Ziele
- Kontextbezogene Hilfetexte
- Fremdwährungen, d.h. es können vom Benutzer definierte Umrechnungskurse genutzt werden.

4. Hardware – Anforderungen

4.1 Hardware (Siehe Anlage 14)
Die neue Software soll auf dem zentralen PC-Server installiert werden. Es handelt sich um einen Intel Xeon Rechner mit einem 2 GB großen Arbeitsspeicher. Die z.Z. freie Festplattenkapazität beträgt 39 GB. Eine ggf. notwendige Festplattenerweiterung ist kein Problem.

5. Fachliche Anforderungen (Leistungsumfang der Anwendungssoftware)

5.1 Liste der Einzelfunktionen im Modul Produktionsplanung und -steuerung
(Siehe Anlage 14)

5.2 Liste der Einzelfunktionen im Modul Vertrieb und Versand
(Siehe Anlage 14)

5.3 Liste der Einzelfunktionen im Modul Materialwirtschaft
(Siehe Anlage 14)

5.4 Liste der Einzelfunktionen im Modul Personal
(Siehe Anlage 14)

5.5 Liste der Einzelfunktionen im Modul Forschung und Entwicklung (Qualitätsmanagement)
(Siehe Anlage 14)

5.6 Liste der Einzelfunktionen im Modul Kundenanfragen
- Erfassung und Pflege von Kunden- und Interessentendaten
- Terminverfolgung

5.7 Liste der Einzelfunktionen im Modul Angeboterstellung
- Erstellen und Überwachen von Angeboten
- Zugriff auf angebotsspezifische Textbausteine
- Frei definierbare Angebotsarten
- Drucken von Angeboten
- Vergabe eines Angebotsstatus
- Wiedervorlage von Angeboten, Terminerinnerung
- Informationen und Auskünfte am Bildschirm über Angebote, Artikel und Preise

5.8 Liste der Einzelfunktionen im Modul Auftragserfassung
- Erfassen von Kundenaufträgen mit Auftragspositionen
- Automatische Preisfindung bei Auftragserfassung
- Direkter Zugriff auf Kunden- und Artikeldaten, Prüfung des Kreditlimits
- Berücksichtigung gespeicherter Preis- und Konditionsvereinbarungen
- Übersetzung in Fremdsprachen bei Auftragskopf und –fuß sowie bei Positionstexten
- Berücksichtigung von Eilaufträgen

5.9 Liste der Einzelfunktionen im Modul Frakturierung
- Verwaltung aller frakturierbaren Aufträge und Lieferungen
- Verschiedene Rechnungsarten sind erforderlich
- Verschiedene Mehrwertsteuersätze in Abhängigkeit von Warenempfänger und Artikel

5.10 Liste der Einzelfunktionen im Modul Debitorenbuchhaltung
- Rechnungen sollen automatisch in die Liste der Offenen Posten übernommen werden
- Zahlungserinnerungen und Mahnungen können automatisch erstellt werden

5.11 Liste der Einzelfunktionen im Modul Zahlungsverkehr
- Bearbeitung von Zahlungseingängen

5.12 Zusammenhang der geforderten Funktionen
Die einzelnen Programm-Module sollen integriert eingesetzt werden. Doppelte Datenerfassung und – speicherung ist zu vermeiden.

5.13 Benutzungsoberfläche
Das System soll über folgenden Bedienungskomfort verfügen:
- Grafische Benutzungsoberfläche (Windows)
- Mausunterstützung
- Listengenerator, um individuelle Auswertungen zu ermöglichen

5.14 Schnittstellen
Schnittstellen zu PC-Textverarbeitungs- und PC-Tabellenkalkulationssystemen sind erforderlich.

5.15 Support
Es ist ein telefonischer Support mit einer Erreichbarkeit von 24 Stunden an 7 Tagen pro Woche erforderlich, der sich per Fernwartung auf die Softwareinstallation einwählen kann und kleinere technische Probleme ohne einen Einsatz vor Ort lösen kann.

5.16 Anforderungen an den Softwareanbieter
Siehe Anlage 14.

Anzahl Mitarbeiter	Min. 50
Anzahl Entwickler	Min. 10
Anzahl Hotliner	Min. 10
Anzahl Berater	Min. 20
Jahr der Erstinstallation	Nicht jünger als 5 Jahre
Anzahl Installationen	Min. 100
Referenzkunden	10 ähnliche Installationen, keine direkten Wettbewerber als Referenzkunden
Installationsvoraussetzungen	J2EE oder Server Microsoft .Net

6. Randbedingungen

6.1 Mengengerüste
8 vernetzte PC Arbeitsplätze, 2500 Kundenstammsätze, ca. 40 Anfragen pro Tag, 10-15 Aufträge pro Tag. Die Mengengerüste für die Fachgebiete sind Anlage 14 zu entnehmen.

6.2 Gesetzliche Vorschriften
Alle wichtigen gesetzlichen Vorschriften sind einzuhalten. Beim Datenschutz ist zu unterscheiden:
- Schutz vor Zugriff durch Unbefugte über Passwort
- Schutz vor unbefugtem Zugriff durch Befugte mittels Einschränkung auf einzelne Bildschirmmasken, Kundengruppen und Konditionen. Gleichzeitig muss differenziert werden können nach den Rechten für Lesen, Schreiben, Verändern und Löschen bei einzelnen Datensätzen.

6.3 Terminvorgaben
Die Installation der neuen Software erfolgt im Februar 2011, danach ist ein Test vorgesehen. Der Echteinsatz soll Ende Februar 2011 beginnen.
Folgende Meilensteine und Termine sind geplant (Siehe Anlage 10 und Anlage 18):
-Abschluss Ist-Analyse zum 12.11.2010
-Abschluss Soll-Konzept zum 06.12.2010
-Abschluss der Ausschreibungsphase zum 15.12.2010
-Abschluss Auswertung der Anbieter zum 18.01.2011
-Abschluss der Anbieterauswahl zum 31.01.2011
-Abschluss der Systemeinführung zum 23.02.2011

6.4 Antwortzeiten

Für eine Transaktion werden Antwortzeiten bis max. 2 Sekunden gefordert.

6.5 Systemverfügbarkeit
Die neue Software soll nur einmal auf dem Server installiert werden. Die Datensicherung soll jede Nacht per Streamer vorgenommen werden.

6.6 Preise für die Software

Ausbaustufe 1	Kosten für Kauf	Leasing	Wartung	Schulung
Geschäftsleitung	2.000,00 €	500,00 €	200,00 €	2.000,00 €
Forschung und Entwicklung	3.000,00 €	750,00 €	200,00 €	1.000,00 €
Materialwirtschaft	5.000,00 €	1.250,00 €	300,00 €	2.000,00 €
Produktion	4.000,00 €	1.000,00 €	300,00 €	2.000,00 €
Personal und Marketing	2.000,00 €	500,00 €	200,00 €	1.000,00 €
Vertrieb	6.000,00 €	1.500,00 €	400,00 €	2.000,00 €
Summe	22.000,00 €	5.500,00 €	1.600,00 €	10.000,00 €

Ausbaustufe 1	Kosten für Kauf	Leasing	Wartung	Schulung
Geschäftsleitung	500,00 €	125,00 €	200,00 €	500,00 €
Forschung und Entwicklung	500,00 €	125,00 €	100,00 €	200,00 €
Materialwirtschaft	1.500,00 €	375,00 €	100,00 €	200,00 €
Produktion	1.500,00 €	375,00 €	100,00 €	200,00 €
Personal und Marketing	500,00 €	125,00 €	100,00 €	200,00 €
Vertrieb	2.000,00 €	500,00 €	200,00 €	500,00 €
Summe	6.500,00 €	1.625,00 €	800,00 €	1.800,00 €

Gesamtkosten Software	Kosten für Kauf	Leasing	Wartung	Schulung
Ausbaustufe 1	22.000,00 €	5.500,00 €	1.600,00 €	10.000,00 €
Ausbaustufe 2	6.500,00 €	1.625,00 €	800,00 €	1.800,00 €
Gesamtkosten	28.500,00 €	7.125,00 €	2.400,00 €	11.800,00 €

6.7 Preise für die Hardware

Ausbaustufe 1	Kosten	Leasing	Wartung
Rechner	10.000,00 €	2.500,00 €	500,00 €
Betriebssystem	2.000,00 €	500,00 €	200,00 €
Hauptspeicher	500,00 €	125,00 €	100,00 €
Platten	5.000,00 €	1.250,00 €	200,00 €
Datensicherung	1.000,00 €	250,00 €	500,00 €
Drucker	1.000,00 €	250,00 €	100,00 €
Thin Clients	500,00 €	125,00 €	100,00 €
Netzwerk	1.000,00 €	250,00 €	200,00 €
Installation	6.000,00 €	1.500,00 €	500,00 €
Summe	27.000,00 €	6.750,00 €	2.400,00 €

Ausbaustufe 2	Kosten	Leasing	Wartung
Rechner	2.000,00 €	500,00 €	125,00 €
Betriebssystem	500,00 €	125,00 €	20,00 €
Hauptspeicher	200,00 €	50,00 €	20,00 €
Platten	500,00 €	125,00 €	20,00 €

Datensicherung	200,00 €	50,00 €	20,00 €
Drucker	200,00 €	50,00 €	20,00 €
Thin Clients	100,00 €	25,00 €	20,00 €
Netzwerk	200,00 €	50,00 €	20,00 €
Installation	500,00 €	125,00 €	30,00 €
Summe	4.400,00 €	1.100,00 €	295,00 €

Gesamtkosten Hardware	Kosten	Leasing	Wartung
Ausbaustufe 1	27.000,00 €	6.750,00 €	2.400,00 €
Ausbaustufe 2	4.400,00 €	1.100,00 €	295,00 €
Gesamtkosten	31.400,00 €	7.850,00 €	2.695,00 €

6.8 ERP-Checkliste

	ja	nein	wichtig
Produktanbieter			
Produktname		x	
Anzahl der Installationen			x
Nutzungsrecht			
begrenzte Lizenz		x	
Unbegrenzte Lizenz	x		
Mehrplatzversion			x
Landessprache			
Deutsch			x
Englisch	x		
Sonstige		x	
Lieferumfang der Dokumentation			
Handbücher			x
Schulungsunterlagen	x		
Gestaltung der Benutzerschnittstelle			
Fenster-/Windowtechnik	x		
Maus			x
Rollball		x	
Tablett		x	
Tastatur			x
Menütechnik	x		
Pull-down-Menü		x	
Hilfefunktion			x
Datenbank			
Name der Datenbank	x		
Hierarchisch		x	
Rational			x
Anpassungsmöglichkeiten durch Anwender			
Parametriesierung			x
Maskengenerator			x
erforderliche Hardware			
PC			x
Workstation			x
mittlere Datentechnik			x
groß-EDV/Host	x		

Hardware-Komponenten			
Prozessor			x
Wortbreite			x
Hauptspeicher			x
externe Medien	x		
Festplatten	x		
Floppy-Disk		x	
Drucker	x		
Plotter		x	
Betriebssystem			
benutzt spezielles Betriebssystem		x	
Bezeichnung des Betriebssystems			x
Programmbereiche Materialwirtschaft			
Einkauf, Beschaffung			x
Vertrieb			x
Kundenauftragsverwaltung			x
Kapazitätsplanung			x
Lohn- und Gehaltsabrechnung			x
Kalkulation			x
Kostenrechnung			x
CAD			x
MS-/Open Office		x	
externer Datenaustausch			x

Quelle: Vgl. Abts, Dietmar; Mülder, Wilhelm: Grundkurs Wirtschaftsinformatik. Eine kompakte und praxisorientierte Einführung. 5., vollständig überarbeitete und aktualisierte Auflage, Vieweg & Sohn Verlag, Wiesbaden 2004, S. 436 ff.

Anlage 19: Projektstruktur- und Terminplan, Teil 2

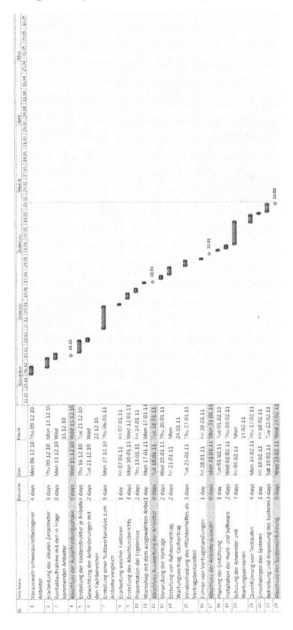

Anlage 20: Nutzwertanalyse

1. Schritt:		
Gewichtung der Anforderungen an die Software aus dem Pflichtenheft		
50	Sehr wichtig	
30	Wichtig	
15	Wünschens wert	Würde wahrscheinlich genutzt werden/kann fehlen
5	Unwichtig	Würde wahrscheinlich nicht genutzt werden
Summe = 100		
2. Schritt:		
Bewertung des jeweiligen Erfüllungsgrades der Programme für die einzelnen Anforderungen		
5 Punkte	= Anforderungen vollständig erfüllt	
4 Punkte	= Anforderungen mit kleinen Abweichungen zum Großteil erfüllt	
3 Punkte	= Anforderungen zum Großteil erfüllt, aber auch erhebliche Abweichungen	
2 Punkte	= Anforderungen zum Großteil nicht erfüllt, aber ein erheblicher Teil des Geforderten ist vorhanden	
1 Punkt	= Anforderungen zum größten Teil nicht erfüllt	
0 Punkte	= Anforderungen nicht erfüllt	
3. Schritt		
Gewichtung der Punktwerte		
Punktwert x Gewichtung = gewichtete Punktwerte		
4. Schritt		
Vergleich der Nutzwerte anhand der Summen der jeweils gewichteten Punktwerte		

Kriterien	Gesamt	Gewicht		Anbieter proAlpha		Anbieter Sage bäurer	
	100	Absolut	Relativ	Punkte	Nutzen	Punkte	Nutzen
A. Funktionsumfang	30				0,513		0,834
Stammdaten-/Auftragsverwaltung		30	0,09	3	0,27	4	0,36
Finanzverwaltung		25	0,075	2	0,15	3	0,225
Kostenrechnung		25	0,075	1	0,075	3	0,225
Lagerverwaltung		10	0,003	3	0,009	4	0,012
Auswertungen		10	0,003	3	0,009	4	0,012
B. Benutzerfreundlichkeit	15				0,54		0,6
Erlernbarkeit		20	0,03	3	0,09	4	0,12
Oberfläche		50	0,075	2	0,15	4	0,3
Hilfefunktion		5	0,0075	3	0,225	4	0,03
Lokalisierung		25	0,0375	2	0,075	4	0,15
C. Schnittstellen	10				0,3		0,46
Webservices		60	0,06	3	0,18	5	0,3
Andere, kompatible (XML)		40	0,04	3	0,12	4	0,16

D. Datenschutz und Sicherheit	20				**0,66**		**0,86**
Zugangsberec htigungen		30	0,06	4	0,24	5	0,3
Backup		70	0,14	3	0,42	4	0,56
E. Vertragsgest altung	15				**0,36**		**0,69**
Serviceleistun gen		60	0,09	2	0,18	5	0,45
Garantieleistu ngen		40	0,06	3	0,18	4	0,24
F. Herstellerbeu rteilung	10				**0,36**		**0,44**
Marktanteil		40	0,04	3	0,12	5	0,2
Potential für Weiterentwick lung		60	0,06	4	0,24	4	0,24
Nutzwert					**2,733**		**3,884**

Die Nutzwertanalyse ergibt, dass der Anbieter Sage Bäurer die geeignete Softwarelösung für die Anforderungen der Laku-Bau bietet.

Anlage 21: Vergleich verschiedener Einführungsstrategien

Einführungsvorgehen	Beschreibung	Auswirkungen
Big Bang	Alles wird gleichzeitig gestartet und das alte System außer Betrieb gesetzt. Das ist zum Beispiel geeignet für ein mittelständisches Unternehmen mit bis zu 50 Mitarbeitern, die tatsächlich täglich mit dem System arbeiten. Insbesondere, falls keine Software vorhanden ist, die echte Unterstützung bietet.	Alle Führungskräfte und alle Mitarbeiter müssen ausreichend vorbereitet sein. Hohe Motivation und der Wille, schnellst möglich in Normalbetrieb zu kommen, sind vorhanden. Günstig ist, wenn es eine ruhige Zeit im Jahr gibt, die Umstellung hierhin zu legen.
Pilotbereich und Ausrollen	Zuerst wird eine Abteilung oder ein Standort umgestellt. Mit den dort gewonnenen Erfahrungen wird es nach und nach in anderen Bereichen eingesetzt („Rollout"). Als Pilotbereich ist derjenige geeignet, bei dem ein deutlicher Effekt zu erwarten ist, weil entweder die derzeitige Software nicht gut funktioniert oder die Veränderung deutlich positive Effekte haben wird.	Nach und nach ist immer wieder ein Standort oder eine Abteilung stark gefordert. Neid und Missgunst sind bei den noch nicht Betroffenen vorab zu vermeiden. Die Veränderungsreife der Standorte ist bei der Reihenfolgeplanung zu berücksichtigen und diplomatisch zu begründen.
Sukzessives Anschalten	Eine Funktions- bzw. Prozessbereich nach dem anderen wird umgestellt. Insbesondere verhältnismäßig unabhängige Bereiche wie Lohnbuchhaltung oder Rechnungswesen, der Vertrieb oder der Einkauf eignen sich dafür.	Zeiten starker Belastung sind bei der Planung zu berücksichtigen; auch hier ist Neid und Missgunst bei den noch nicht Betroffenen vorzubeugen.

Quelle: Teich, Irene; Kolbenschlag, Walter; Reiners, Wilfried: Der richtige Weg zur Softwareauswahl. Lastenheft, Pflichtenheft, Compliance, Erfolgskontrolle. Springer Verlag, Berlin/Heildelberg 2008, S. 193 f.